LE COMMANDANT

DE MILLY

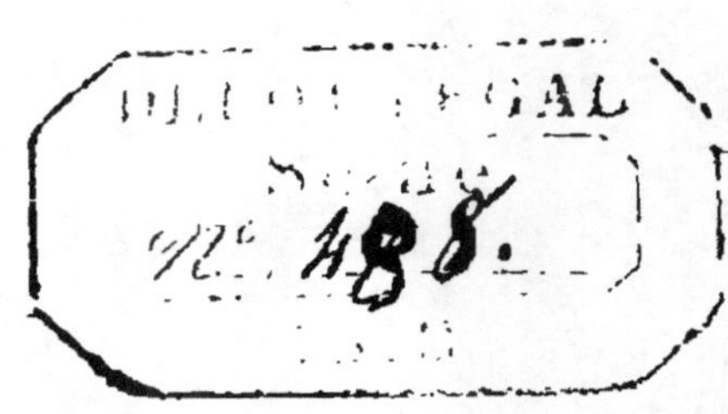

1872

PAROLES

PRONONCÉES LE 9 SEPTEMBRE 1871

SUR LA TOMBE

DU

COMMANDANT DE MILLY

PAR UN DE SES CHEFS

MESSIEURS,

Je laisse à des voix plus autorisées
que la mienne, si elles en ont la force
dans la triste circonstance qui nous réu-
nit, le soin de vous parler des vertus pri-
vées du commandant de Milly et du vide

irréparable que sa mort cause parmi les siens. Permettez-moi seulement de vous rappeler en quelques mots les traits principaux de sa carrière si honorablement remplie, si prématurément et si fatalement brisée.

Engagé volontaire en 1847, admis l'année suivante à l'École polytechnique, il suivit brillamment ensuite les cours de l'École d'état-major et remplit avec autant de distinction que de zèle les diverses fonctions qui lui furent confiées jusqu'au mois d'avril 1859.

C'est à cette époque qu'il fut placé, sur sa demande, au Dépôt de la Guerre, où l'appelaient ses goûts, ses aptitudes et ses connaissances spéciales et où il

devait marquer son passage par l'i-
nauguration d'une science nouvelle
féconde en connaissances utiles, l'ap-
plication de la photographie à la reproduction des cartes.

Tout était à créer pour atteindre
le but poursuivi par de Milly. Il opéra
longtemps avec des moyens insuffisants;
mais, à force de patience et d'énergie,
il parvint à former l'atelier photogra-
phique tel qu'il existe aujourd'hui, à
y réunir un personnel habile, à le
pourvoir d'instruments disposés pour
la reproduction des cartes par réduc-
tion ou par amplification, et à in-
troduire dans cet important service
dont il était le créateur les méthodes

les plus pratiques et les plus écono-
miques.

Non content de ce premier et consi-
dérable résultat, de Milly à qui ses
connaissances en chimie permettaient
d'aborder toutes les difficultés, entre-
prit ensuite des essais d'héliogravure.
Manipulateur expert, travailleur infati-
gable, il s'arrêta après de nombreuses
tentatives au procédé indiqué par Niepce
de Saint-Victor et il en tira un parti
si remarquable, que le Directeur du
Dépôt n'hésita pas à le charger de
faire exécuter dans ce système des
planches reproduisant les cartes les plus
importantes de l'Europe.

L'habileté consommée de de Milly,

ses œuvres si nombreuse et si appré-
ciées des hommes spéciaux l'ont mis
de son vivant au premier rang parmi
les cartographes militaires, et s'il lè-
gue à ses successeurs des traditions
précieuses pour continuer sa tâche, sa
mort n'en laisse pas moins dans le
domaine de la science un vide difficile
à combler.

Cependant les succès obtenus par de
Milly n'avaient pas tardé à appeler sur
sur lui l'attention de ses chefs. A trois
reprises différentes, le Ministre lui con-
fia des missions scientifiques importantes dans les grandes capitales de
l'Europe, auprès des états-majors étrangers les plus renommés. A Turin, à

Vienne, à Munich, à Saint-Pétersbourg,
à Berlin, à la Haye, de Milly, simple
capitaine, fut accueilli avec cette consi-
dération flatteuse qui ne s'attache qu'au
vrai mérite. Il rapporta de ces grands
centres de savoir et d'étude des docu-
ments précieux pour notre Dépôt de la
Guerre, en même temps qu'il y laissait,
on peut le dire, des souvenirs pleins
d'estime pour la distinction de ses ma-
nières, l'honorabilité de son caractère,
son érudition profonde et la générosité
avec laquelle il faisait part de sa science
à ses collègues étrangers.

Déja, en 1862, le Gouvernement fran-
çais avait récompensé ses efforts en lui
accordant la décoration de la Légion

d'honneur. Les cours étrangères tinrent à honneur d'imiter cet exemple et lui décernèrent à l'envi des distinctions honorifiques. C'est ainsi que, de 1863 à 1866, de Milly fut successivement nommé membre des ordres de Saint-Maurice et Lazare d'Italie, de Saint-Michel de Bavière, de l'Aigle rouge de Prusse et de Saint-Stanislas de Russie.

Promu au grade de chef d'escadron en 1869, nommé officier de la Légion d'honneur en 1870, pendant le siége de Paris, à peine âgé de 43 ans, de Milly, au moment où la mort nous l'a pris, pouvait se promettre encore de longues années de travaux utiles à la France et à l'armée. Nature modeste, loyale, sympathique, il ne comptait parmi ses chefs comme parmi ses égaux que des amis.

Puissent leurs regrets unanimes, auxquels s'associe le Ministre de la Guerre et dont je me fais ici l'interprète, apporter quelque adoucissement à la douleur de sa mère, de sa femme et de ses enfants !

PARIS. — IMP. SIMON RAÇON ET COMP., RUE D'ERFURTH, 1.

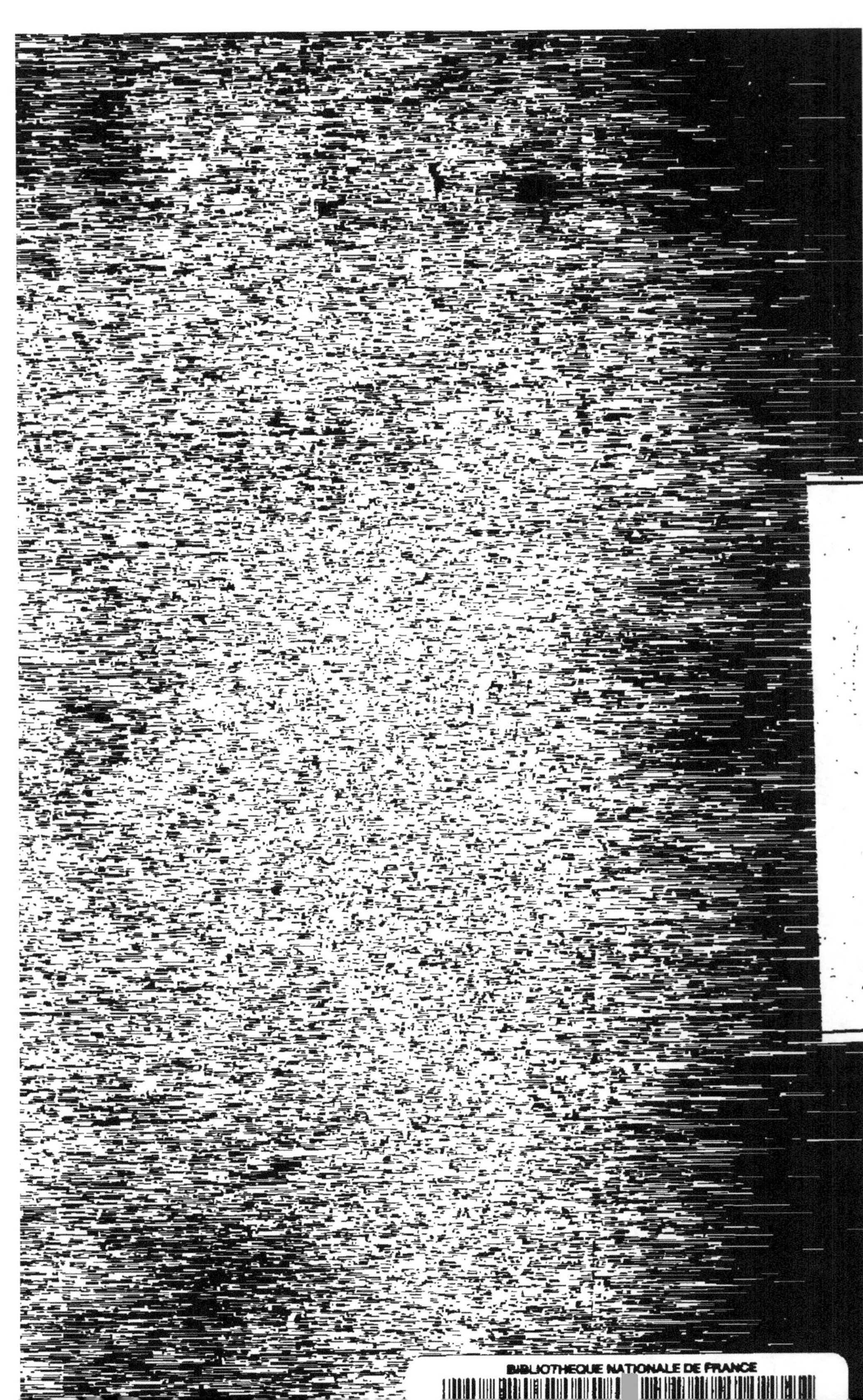